Bolivien, Bild: T. Kraft

Die kleine Technikfibel

Ein kleines, verständliches Handbuch für die gängigsten Reparaturen und Pannen unterwegs.

Ein Buch von
Jochen „JoeDakar" Stather
in Zusammenarbeit mit dem
BMW Enduropark Hechlingen

Redaktion, Inhalt und Gestaltung: J. Stather
Fotos: J. Stather, T. Wolf, T. Kraft, C. Ziebarth, T. Becher
Fachliche Beratung und Mitarbeit: M. Bumba,
M. Spitz, T. Kraft, T. Wolf, P. Fischer,
G. Geißendörfer, „Martel", C. Matejka
Herstellung/Verlag: Books on Demand GmbH
Norderstedt

1. Auflage, August 2011

www.joedakar.com
www.enduropark-hechlingen.de

JoeDakar ist ein eingetragenes Warenzeichen von J. Stather

ISBN 978-3-8423-7505-5

Auch als eBook erhältlich

DIE KLEINE TECHNIKFIBEL

Ein Technik Ratgeber für Motorrad-Touren

Jochen „JoeDakar" Stather

INHALT

EINLEITUNG

Unser Fortbewegungsmittel, das Motorrad, besteht aus unzähligen Einzelteilen und funktioniert nur, weil viele unterschiedliche, sehr komplexe technische, mechanische, elektrische und physikalische Abläufe perfekt ineinander greifen - müssen wir das alles im Detail verstehen?

Nein! Aber ein gewisses Grundverständnis ist unterwegs oft sehr hilfreich. Wer die gängigsten, technischen Probleme selbst lösen kann ist entspannter unterwegs.

Diese kleine Fibel erklärt die wichtigsten „Unterwegs-Reparaturen" Schritt für Schritt und möchte so dabei helfen, eine Motorradreise auch abseits der üblichen Pannenhilfen und Schutzbriefe zu einem wirklichen Erlebnis zu machen.

Diese kleine Fibel ist, wie auch „Die kleine Ausrüstungsfibel" im Rahmen des Reiseworkshops im BMW Enduro Park Hechlingen entstanden und soll die Inhalte des technischen Teils des Workshops wiedergeben und auch unterwegs nutzbar machen.

Viel Spaß beim Lesen und Schrauben (wenn's denn wirklich mal sein muss)

Joe Stather, Königsfeld, 2011

Chile. Bild: T. Kraft

MIT EINEM MODERNEN MOTORRAD AUF REISEN?

Moderne Motorräder befinden sich auf dem aktuellen Stand der Technik. Dies bedeutet bei Motorrädern zumeist, dass Techniken und Technologien zum Einsatz kommen, die vorher schon viele Jahre ihre Alltagstauglichkeit im Automobilbereich unter Beweis gestellt haben.

Auch wenn es von einigen „ewig Gestrigen" noch immer behauptet wird, so sind Einspritzung, elektronisches Motormanagement, CAN-Bus Systeme und Ähnliches keine unkalkulierbaren Fehlerquellen. Gerne hält sich in der „Motorradreise-Szene" noch immer die Meinung, dass man nur mit alten Motorräder wie z. B. einer BMW R 80 G/S sinnvoll auf eine große Reise gehen kann. Schließlich kann man dort noch alles selber reparieren...

Betrachtet man das Thema etwas genauer, so stellt man schnell fest, dass an einer 80 G/S nicht wirklich mehr oder weniger selber zu machen ist als an einer modernen 1200 GS bzw. eine Menge Sachen instandgehalten und u. U. repariert werden müssen, die es bei einem modernen Motorrad gar nicht mehr gibt.

Lassen wir den Nostalgikern ihren Spaß und Glauben und fahren wir ganz entspannt mit unseren modernen Motorrädern in den Sonnenauf- oder Untergang!

In diesem Sinne, nicht Bange machen lassen - Noch nie waren Motorräder zuverlässiger als heute.

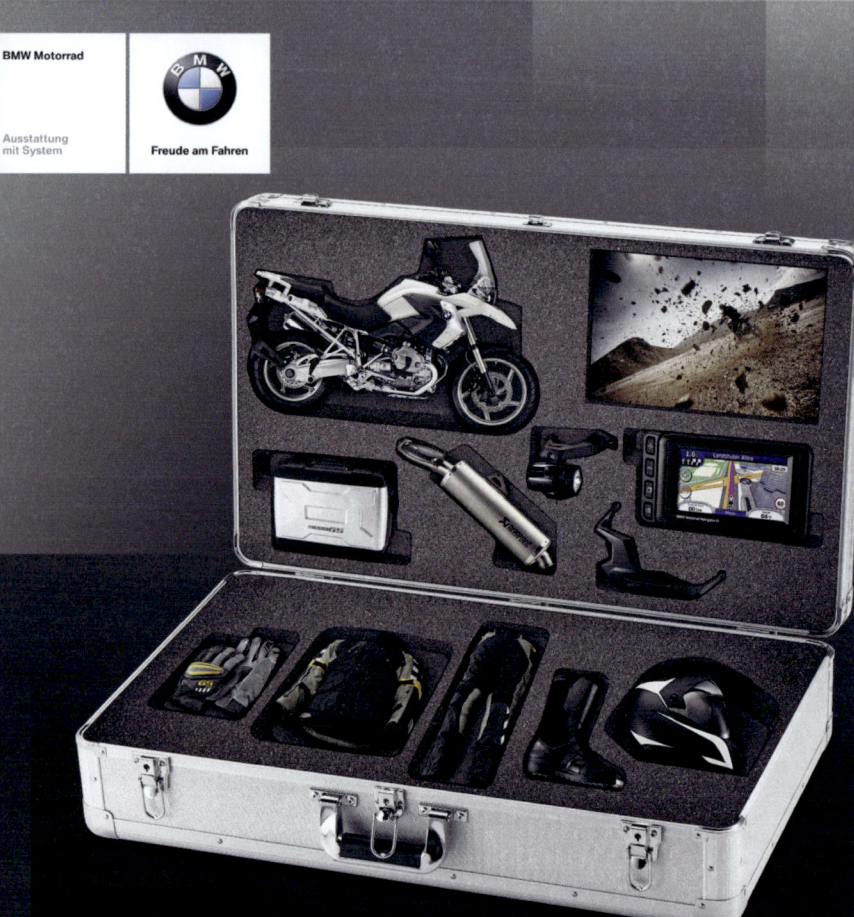

ENDURO. ALL INCLUSIVE

Kompromisslos zufrieden. Finde alles, was Du für Dein nächstes Abenteuer brauchst. Einen verlässlichen Gefährten? Mit der R 1200 GS. Den richtigen Weg? Mit dem Navigator IV. Den passenden Anzug? Mit dem Rallye 3. Und den angemessenen Sound? Mit dem Sportschalldämpfer von Akrapovič. Du brauchst mehr? Du kriegst es. Bei BMW Motorrad.

AUSSTATTUNG MIT SYSTEM. BMW MOTORRAD.

WENN EINER EINE REISE TUT...

...dann sollte er sich vorbereiten.

Und hier sind nicht nur die Reiseplanung, Routenplanung, Information über die zu bereisenden Länder, Visa- und Zollvorschriften, Impfungen, Besonderheiten und vieles mehr wichtig, sondern auch die etwas intensivere Beschäftigung mit dem Transportmittel = Dem Motorrad.

Dies bedeutet nicht, dass man sofort seinen Job kündigt und sich vor der Reise eine Ausbildungsstelle zum Zweiradmechatroniker suchen muss, aber etwas Zeit sollte man schon in sein Motorrad investieren.

Da sind zum Einen die Dinge, die regelmäßig, auch unterwegs, kontrolliert werden müssen:
- Ölmenge
- Kühlflüssigkeit (F800/650 GS, G650GS)
- Kettenspannung (F800/650 GS, G650GS)
- Bremsflüssigkeit
- Speichen
- Luftdruck / Reifenzustand
- Bremsbeläge
- Beleuchtungskörper (Birnchen)

Und zum Anderen, Dinge die vor allem auf längeren Reisen abseits der üblichen Schutzbriefe akut werden können:
- Ölwechsel
- Bremsbelagwechsel
- Ketten/Ritzel/Kettenblattwechsel
- Zündkerzenwechsel
- Luftfilter Reinigung / Wechsel

Den Großteil der genannten Aufgaben lässt man gemeinhin in der Werkstatt seines Vertrauens erledigen während man im Verkaufsraum neue Motorräder betrachtet oder mit einem Leihmotorrad die Werkstattzeiten überbrückt.

Vor einer Motorradreise ist ein Besuch beim Werkstattmeister hilfreich: Als Zuschauer dabei sein zu dürfen, wenn er die üblichen Wartungsarbeiten und Kontrollen durchführt bringt eine Menge. Leider ist es aus versicherungstechnischen Gründen meist verboten sich in der Werkstatt aufzuhalten, aber viele Mechaniker machen gerne eine Ausnahme, wenn's um die Vorbereitung einer Reise geht.

Gut hinschauen und lieber eine Frage zuviel als zuwenig stellen! Notizen machen! Nicht Bange machen lassen, die meisten Dinge wird man nie selbst machen müssen, aber es ist trotzdem gut, sie mal gesehen zu haben.

Zur Info:
Kettensätze halten ca. 15.000 - 25.000 km
Ölwechsel können auch mal auf 15.000 km geschoben werden
Zündkerzen halten ca. 40.000 km

Schlau geplant ist also, abgesehen von unvorhersehbaren Zwischenfällen, eine Reise ohne größere Arbeiten unterwegs möglich.

Die gängigsten Tätigkeiten wie Ölkontrolle, Kettespannen usw. sind im jeweiligen Motorradhandbuch genau beschrieben. Bitte unbedingt an die dort beschriebenen Abläufe halten und nicht irgendwas machen, was man in einem Forum gelesen hat...

Ganz wichtig: Bei längeren Reisen ist der gute Draht zur Werkstatt / zum Händler zu Hause. Schon oft hat ein Anruf beim Meister zu einer schnellen Ferndiagnose und zu einer schnellen, entspannten Weiterfahrt geführt. Eine, beim Händler hinterlegte, Kreditkartennummer kann zudem eine schnelle Ersatzteilversorgung unterwegs sicherstellen.

Wer eine größere Tour plant hat zumeist einen kleinen „Exotenbonus" bei den meisten Händlern. Im Gegenzug für ein eventuelles Entgegenkommen freuen sich die Damen und Herren dann auch über eine Postkarte von unterwegs oder einen spannenden Bericht nach der Rückkehr!

Je mehr man an seinem Motorrad schon mal selbst gemacht hat, um so besser. Wer das erste Mal mitten in der Pampa seinen Reifen flicken muss, wird fluchen (und schwitzen), wer nach einer staubigen Pistenfahrt in brütender Hitze erst noch stundenlang seinen Luftfilter suchen muss während der Rest der Truppe schon frisch geduscht ist, weiß, was er zu Hause versäumt hat...

Wie gesagt, man muss kein Ingenieur sein oder Zweiradmechatroniker, aber ein bisschen Ahnung von den wichtigsten Schrauben, Flüssigkeiten und Abläufen des eigenen Motorrades schaden unterwegs auf keinen Fall - Ganz egal ob es rund um die Welt oder über die Alpen geht!

WERKZEUG

Würden wir alle McGyver heißen, bräuchten wir nur ein Schweizer Taschenmesser und ein bisschen Kleinkram und wären für alles gerüstet. Heissen wir aber nicht, daher sollten wir etwas mehr mitnehmen wenn wir uns aus dem Wirkungskreis der Pannenhotlines und 24h-Assistance-Services herausbewegen.

Natürlich können wir keinen kompletten Werkstattwagen einpacken (obwohl das mancher sicher gerne täte). Es gilt der alte Grundsatz: Weniger ist mehr, aber zuwenig hilft auch nichts.

Das normale Bordwerkzeug ist für eine etwas größere Tour nicht mehr ausreichend. Wichtig ist die sinnvolle Ergänzung, die je nach gefahrenem Motorrad natürlich unterschiedlich ausfällt.

ACHTUNG!

Vor allem Zubehörprodukte, die nicht vom Fahrzeughersteller selber kommen, werden oft mit anderen Schrauben verbaut. Unbedingt darauf achten, dass auch hierfür die richtigen Schlüsselarten und Größen dabei sind.

Ob man zu fertigen Werkzeugsets greift oder sich die Teile einzeln zusammen kauft, bleibt natürlich jedem selbst überlassen. Ein exakt auf die Maschine abgestimmtes Set spart Gewicht und viel Ärger unterwegs.

Wenn schon Werkzeug, dann bitte Qualitätswerkzeug!

WERKZEUG „FERNREISE"
Beispielwerkzeugset

Nüsse & Bits   Schraubensicherung   Kaltmetall   Kabelbinder   Winkelschlüsse

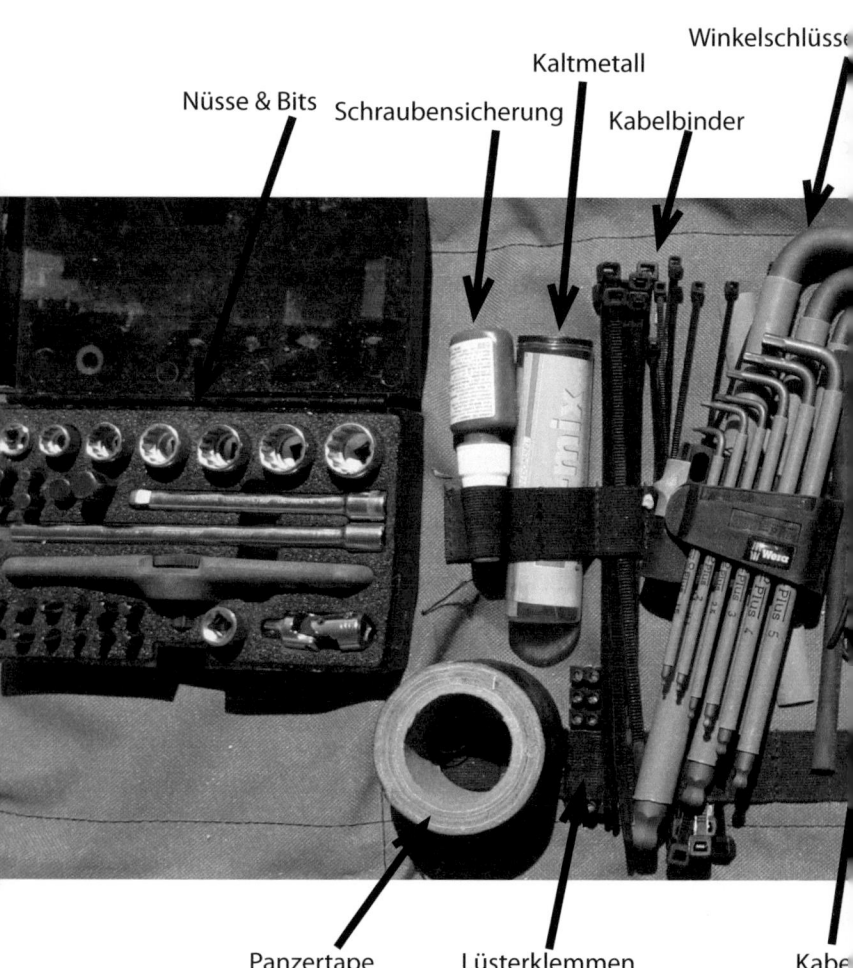

Panzertape   Lüsterklemmen   Kabe

Eine Werkzeugrolle zur Verpackung der Werkzeuge ist immer sinnvoll. So ist das Werkzeug übersichtlich sortiert und man hat zum Schrauben auch gleich eine saubere Unter- und Ablage.

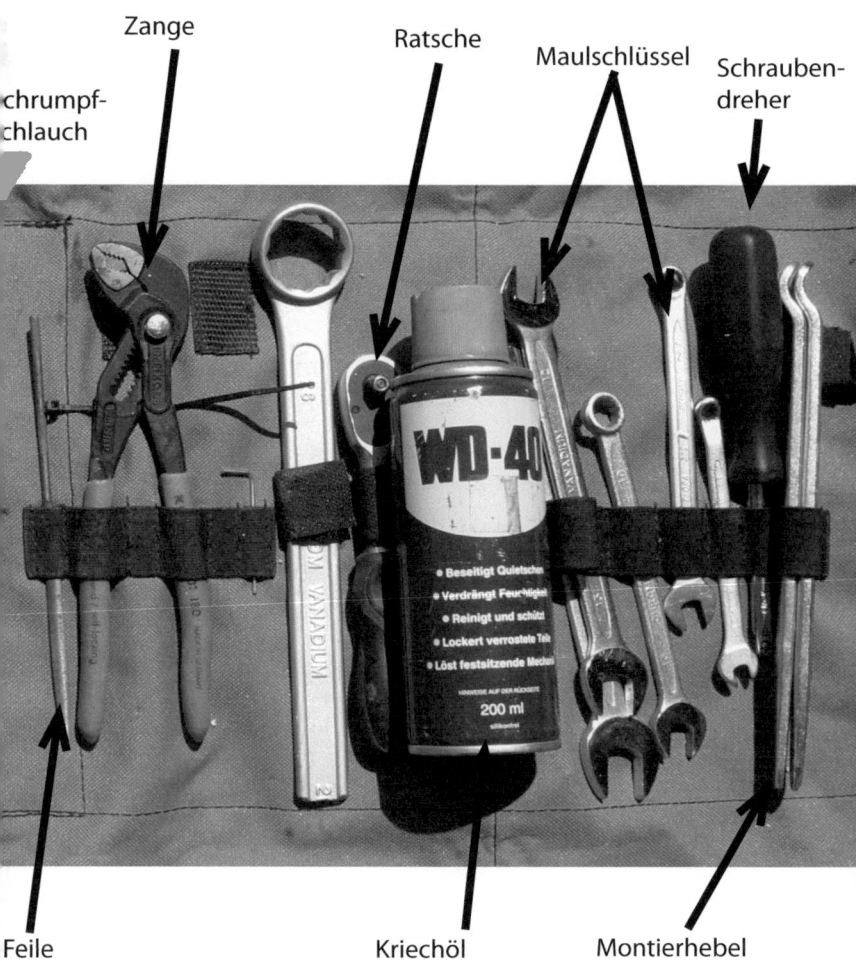

Zange

Ratsche

Maulschlüssel

Schrauben-dreher

chrumpf-chlauch

Feile

Kriechöl

Montierhebel

WERKZEUG „FERNREISE"

Zusätzlich zu der gezeigten Werkzeugrolle sind folgende Dinge sehr hilfreich:

Bremsenreiniger
(Abgefüllt in eine kleine Pumpsprühflasche)
Zum Entfetten und Reinigen von Oberflächen z.B. bei der Reparatur mit Kaltmetal
Industriefett
Zum Schmieren von Achsen
Montierpaste
Wichtig beim Reifenwechsel/Flicken.
Spüli tut es zur Not auch.
Ventilausdreher
(Als Schutzkappe direkt auf dem Ventil montiert)
Ohne Ventilausdreher kein Reifenflicken möglich!
Multitool
Für die kleinen Dinge des Alltags.
Reinigungstücher/Handwaschpaste
Saubere Hände vor und nach dem Schrauben sind der pure Luxus.
Luftdruckprüfer
Selbstverschweissendes Isolierband
Schrauberhandschuhe + Einmalhandschuhe
Draht
Schrauben/Muttern/Unterlagscheiben
In unterschiedlichen Größen. Behälter mit einem Stück Stoff „füllen", sonst werden die Gewinde durch Vibrationen zerstört.

Für BMW F 800 GS / F 650 GS (Twin):
19er Inbus für Vorderachse (Multi-Inbus)

Für BMW R 1200 GS/ADV:
Zündspulenabzieher
BMW Spezialwerkzeug aus Aluminium.
22er Inbus für Vorderachse (Multi-Inbus)

WERKZEUGSET

Alternativ zu den individuell selbst zusammengestellten Sets gibt es im Handel auch Modell/Markenspezifische Sets fertig zu kaufen:

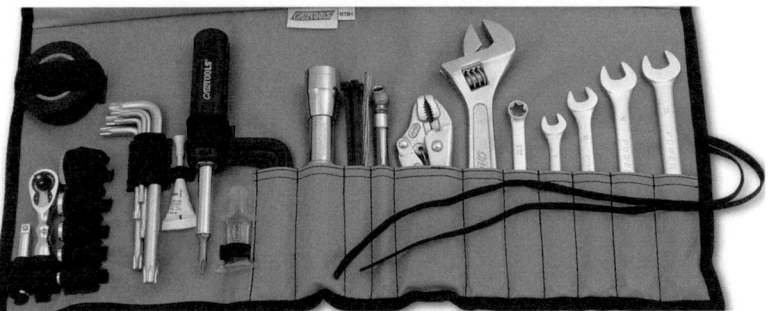

Wie z.B. das oben abgebildete BMW Set von Cruztools (Bezug über Touratech)

Auch BMW bietet fahrzeugspezifische Ergänzungssätze für das Bordwerkzeug an. Hierbei bitte unbedingt auch auf enventuelle Schlüsselarten/Größen von Zubehöranbauteilen achten!

Besonders genial ist der neue „BMW Bordwerkzeug Service Satz" Das Set ist eine Art „Multitool in Einzelteilen" und beinhaltet praktisch alles, was man an Werkzeug für die BMW braucht. Das spart eine Menge Platz und Gewicht gegenüber einem „normalen" Werkzeugset und ganz nebenbei - Hightech Werkzeug macht immer Spass...

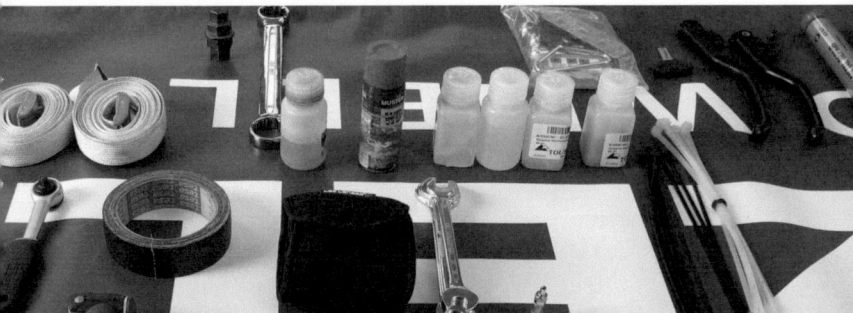

Reifenflicken in Sibirien. Bild: S. Boxberg

REIFENPANNEN

Reifenpannen unterwegs sind ein Mysterium. Manch einer fährt hunderttausende von Kilometern ohne Reifenpanne, andere sind kaum aus der Garage raus und haben schon einen Platten.

Wenn's passiert ist, nicht persönlich nehmen - statistisch betrachtet kommt jeder mal dran. Und komischer Weise hat man seinen Platten zumeist bei brütender Hitze, strömendem Regen, inmitten von Million Moskitos oder mitten in der chaotischsten Großstadt....

Gerade auf Fernreisen (aber nicht nur da) gilt: Ab und zu, am besten morgens vor dem Losfahren, einen kurzen Blick auf die Reifen werfen und den Luftdruck prüfen. So kann ein schleichender Plattfuß schneller erkannt und gleich geflickt werden.

Die Behebung einer Reifenpanne ist je nach verwendetem Reifentyp sehr unterschiedlich:

Schlauchlosreifen (z.B. R1200GS, F650GS & G650GS) Hier sitzt der Reifen auf einer luftdichten Felge, das Ventil ist mit der Felge verbunden. Schlauchlosreifen müssen zum Flicken zumeist nicht von der Felge gezogen werden. Das Rad kann eingebaut bleiben.

Schlauchreifen (z.B. F800GS) Hier liegt zwischen Felge und Reifen ein Schlauch (wie beim Fahrrad). Schlauchreifen müssen zum Flicken zumeist ausgebaut und der Reifen von der Felge gezogen werden.

ШИНОМОНТАЖ
БАЛАНСИРОВКА

Sibirisches Altaigebirge. Bild: J. Stather

REIFENREPARATUR
(Schlauchlosreifen)

BMW Pannenset (Bordwerkzeug R1200GS)

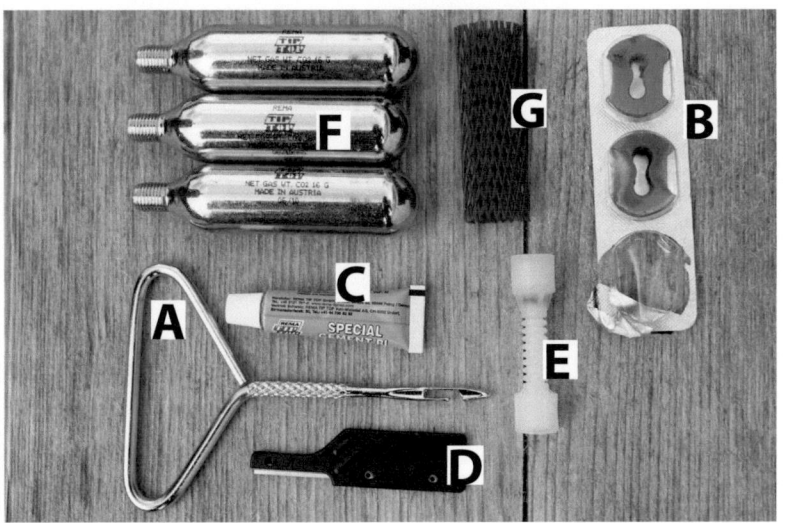

Inhalt:
A - Ahle mit Reibfläche
B - Stopfen
C - Zement
D - Messer
E - Ventiladapter
F - Luftpatronen
G - Kälteschutznetz

Auf größeren Touren unbedingt zusätzliche
Stopfen und eine kleine, aber leistungsstarke
Handluftpumpe oder einen kleinen Kompressor
mitnehmen.

ACHTUNG: Die Luftpatronen dürfen nicht im
Flugzeug transportiert werden!

Fremdkörper lokalisieren

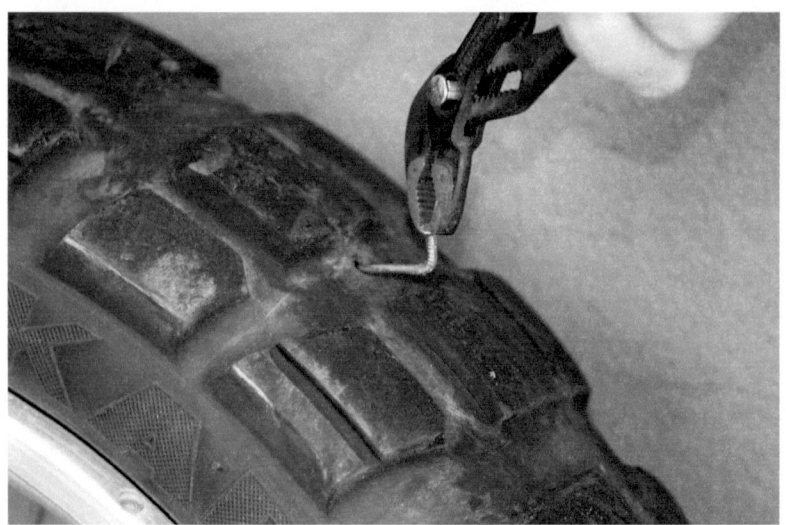

Fremdkörper entfernen

Öffnung im Reifen mit der Raspel der Ahle aus dem
Pannenset durch Raspeln vergrößern

Ahle mit Zement beschmieren und Öffnung damit
gut „schmieren"

Stopfen mit Zug in Ahle fixieren und gut mit Kleber
bestreichen

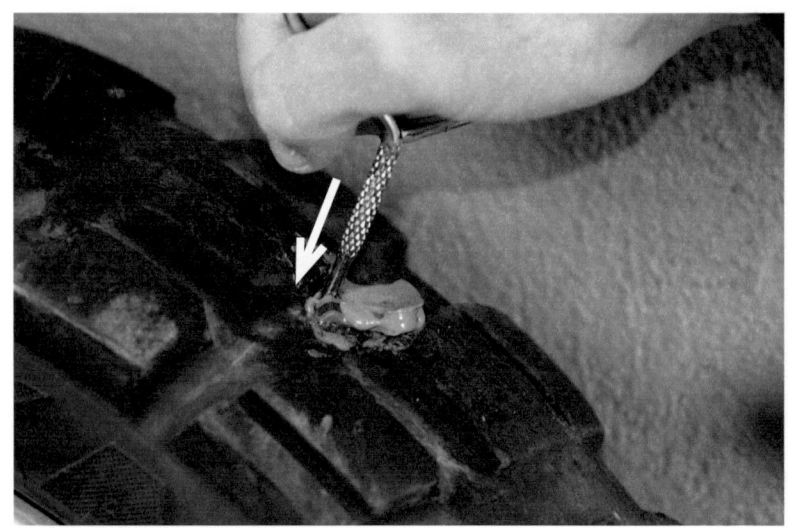

Ahle mit dem Stopfen bis zum Anschlag, ohne zu
Drehen, in den Reifen stechen

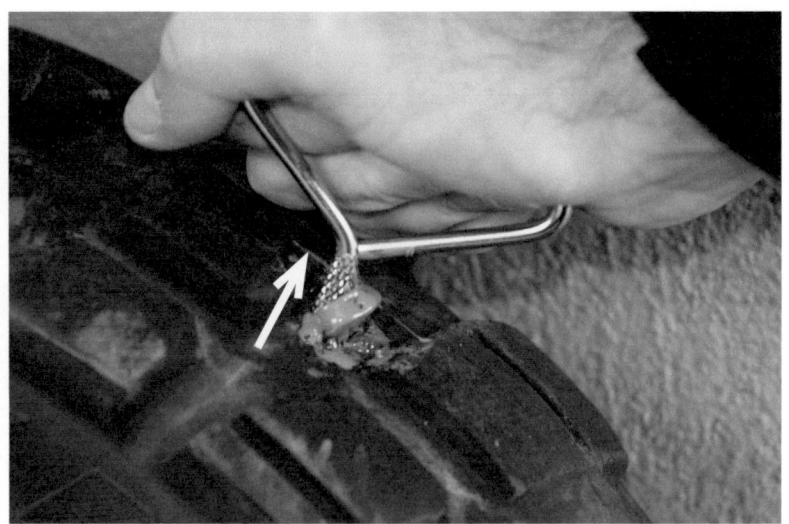

Ahle, ohne Drehung, wieder herausziehen

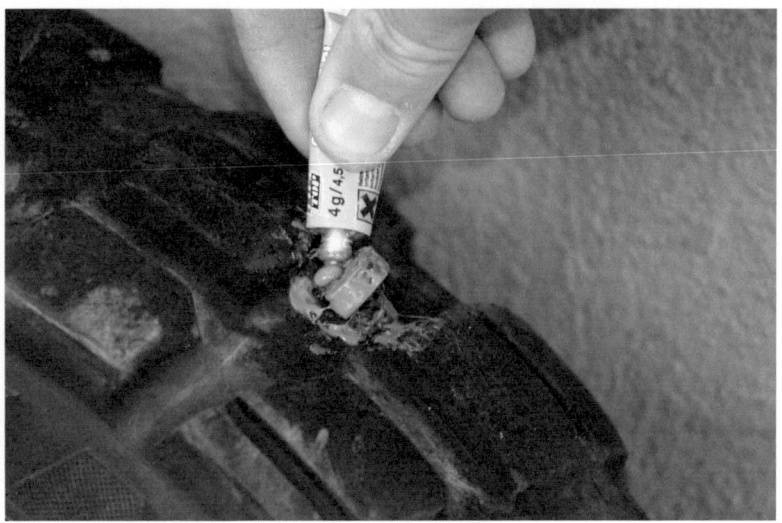

Stopfen nochmals gut mit Klebstoff einschmieren -
10 Minuten aushärten lassen

Nach dem Aushärten überstehenden Stopfen
großzügig abschneiden

Ventiladapter aufschrauben

Kälteschutz über Patrone stülpen, Patrone dann
schnell (sonst entweicht die Druckluft zur Seite) auf
den Ventiladapter drehen.

Metal der Patrone nicht mit bloßen Händen
anfassen! Erfrierungsgefahr!

Je nach Bedarf mit weiteren Patronen wiederholen -
Kälteschutz nicht vergessen.

1 Patrone bringt ca. 0,5 Bar (Hinterrad 1200GS)

Bei größeren Beschädigung versuchen,
die Beschädigung durch weitere Stopfen
(nebeneinander) zu verschließen.

Ist der Reifen sehr großflächig beschädigt
und luftdurchlässig oder ist die Felge so stark
beschädigt, dass sie Luft verliert, so kann ein
Schlauch eingezogen werden. Siehe nächstes
Kapitel

SCHLAUCH IN SCHLAUCHLOSREIFEN

Manchmal ist die Beschädigung eines Reifens so groß, dass auch eine größere Anzahl von Stopfen aus dem Pannenset die Öffnung nicht mehr luftdicht verschließen kann. Oder die Felge ist beschädigt und der Reifen verliert ständig Luft.

Alles kein Beinbruch, dafürhaben wir auch als Schlauchlosreifenfahrer immer einen Schlauch dabei!

Der Einbau eines Schlauches ist deutlich aufwändiger als das Flicken mit dem Pannenset, dafür garantiert er aber auch eine Weiterfahrt. (Es gibt Fernreisende, die schon zu Hause einen Schlauch in ihre Schlauchlosfelgen ziehen...)

Sinnvoll ist die Mitnahme eines Schlauches in der Reifengröße 19" (Zoll). Der passt in den Vorderreifen der 1200GS (19") und kann im Notfall auch in den Hinterreifen der 1200GS (17") gezogen werden. So spart ihr Platz und Gewicht und seid trotzdem für alles gerüstet.

HINWEIS
Die Verwendung von Schläuchen in Schlauchlosfelgen ist im Geltungsbereich der Straßenverkehrsordnung nicht zulässig und kann zum Verlust der ABE führen! Dies ist nur eine Möglichkeit um auf einer Fernreise mobil zu bleiben!

RADAUSBAU R 1200 GS
Vorne

Benötigtes Werkzeug:
Torx 45 für (A) und (B)
22er Inbus für (C)

Motorrad auf den Hauptständer stellen und sichern.
Das Vorderrad sollte keinen Bodenkontakt haben.
Dann die beiden Schrauben (A) lösen, Bremssattel
leicht hin und her kippen und vorsichtig von der
Scheibe ziehen. (Es muss nur ein Bremssattel gelöst
werden)
Klemmschraube (B) lösen und die Achse (C) mit
herausdrehen.
Vorderrad vorsichtig herausnehmen.
Auf sicheren Stand des Motorrades achten.

Einbau in umgekehrter Reihenfolge. Auf Sauberkeit
der Achse und Lager achten. Nach dem Einbau die
Vorderbremse einige Male betätigen!

RADAUSBAU R 1200 GS
Hinten

Benötigtes Werkzeug:
Torx 50 für (A)

Motorrad auf den Hauptständer stellen und sichern.
Das Hinterrad sollte keinen Bodenkontakt haben.
Dann die Schrauben (A) lösen und kreuzweise
herausdrehen. Hinterrad vom Endantrieb nehmen.
Einbau in umgekehrter Reihenfolge. Auf sauberen
Sitz der Felge am Endantrieb achten. Schrauben
über kreuz festziehen.

REIFEN DEMONTAGE &
SCHLAUCH IN SCHLAUCHLOSREIFEN
EINZIEHEN

Reifen aus dem Felgenbett drücken. Am einfachsten
mit dem Seitenständer eines zweiten Motorrads
oder einem gegen Einklappen gesicherten
Hauptständer. Nahe der Felge platzieren und mit
dem Motorradgewicht nach unten drücken. Dies auf
beiden Seiten und ringsrum wiederholen.

Zum Schutz der Bremsscheibe (falls vorhanden)
Handtuch, Jacke oder ähnliches unterlegen!

Reifendemontage und Montage funktionieren
am leichtesten, wenn der Reifen schön warm ist -
einfach in die Sonne legen (den Reifen)

Montierhebel mit der flachen Seite auf Ventilhöhe
ansetzen und Reifen nach oben von der Felge
drücken.

Einen Montierhebel zwischen den Speichen
fixieren, mit dem/den anderen den Reifen Schritt
für Schritt von der Felge heben.

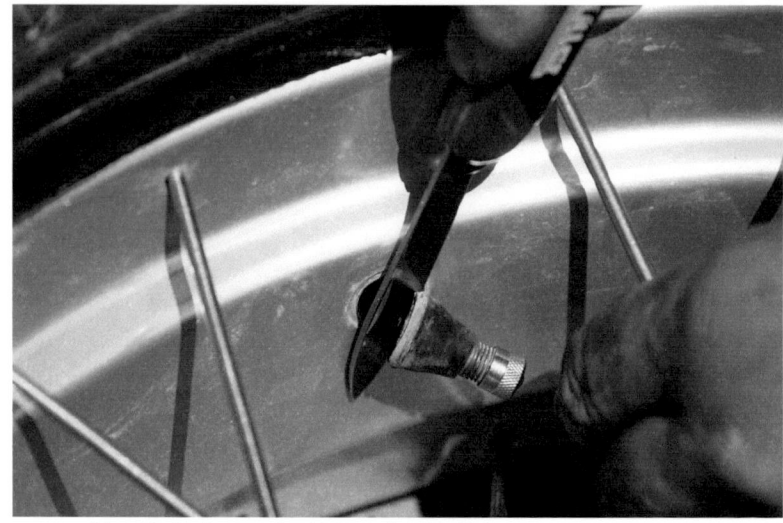

Ventil direkt an der Felge abschneiden.

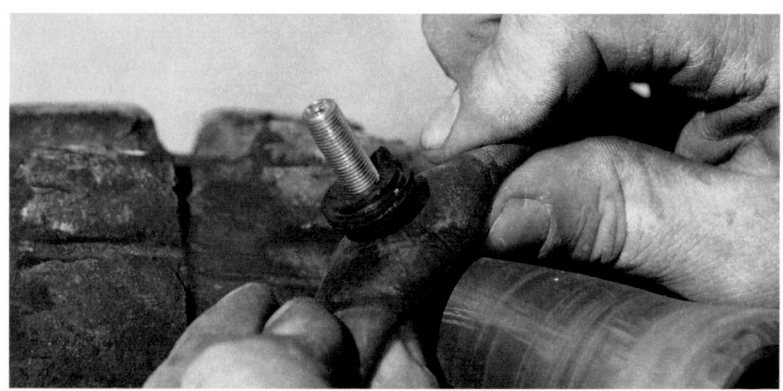

Den inneren Gummiring des abgeschnittenen
Ventils auf das Ventilgewinde des Schlauches
aufsetzen (Dies schützt den Schlauch vor scharfen
Kanten an der Felge).

Ventilgewinde in die entstandene Öffnung der Felge stecken und locker mit der Mutter fixieren. Denn Schlauch leicht aufblasen und vorsichtig in den Reifen drücken.

Reifenrand mit Montierpaste oder „Spüli" einschmieren. Mit den Montierhebeln gegenüber des Ventils beginnend, den Reifen in die Felge drücken. Stark aufblasen, bis der Reifen hörbar in das Felgenbett springt „Plopp".

Ventilmutter NICHT an der Felge kontern, sondern gegen die Ventilkappe. So kann sich der Schlauch im Reifen leicht bewegen ohne das Ventil vom Schlauch zu reissen.

BMW F 800 GS

Die Motorräder der aktuellen F-Baureihe setzen im Gegensatz zur R 1200 GS auf „klassische" Lösungen.

So erfolgt die Kraftübertragung per Kette. Zudem werden in den Speichenfelgen der 800 GS Schlauchreifen verwendet. Ein Schlauchreifen bedeutet im Falle einer Reifenpanne einen etwas größeren Aufwand. Aber auch das lässt sich mit etwas Übung vor der Reise (z.B. Zuhause im Garten) recht einfach regeln.

Wichtig: Kettenspannung regelmäßig prüfen!

RADAUSBAU F 800 GS
Vorne

Benötigtes Werkzeug:
Torx 45 (bis BJ 09) Aussentorx E12 (ab BJ 10) für (A)
17er Gabel/Ringschlüssel für (B)
19er Inbus für (C)
Torx 45 für (D)

Motorrad auf den Hauptständer stellen und
sichern (2. Person). Das Vorderrad sollte keinen
Bodenkontakt haben.
Dann die beiden Schrauben (A) lösen, Bremssattel
vorsichtig hin und her kippen und von der Scheibe
ziehen (Es muss nur ein Bremssattel gelöst werden).
Schraubkappe (B) lösen und herausdrehen.

Klemmschrauben (D) lösen und Achse (C)
herausdrehen. Vorderrad vorsichtig herausnehmen.
Auf sicheren Stand des Motorrades achten.

Einbau in umgekehrter Reihenfolge. Auf Sauberkeit
der Achse und Lager achten. Vor dem Festziehen
der Klemmschrauben (D) die Vorderachse 2 x hart
einfedern oder mit einem Gummihammer o. ä. von
unten 2 x auf die Gabelrohre klopfen. Dies nimmt
eventuelle Spannungen aus der Gabel.

Nach dem Einbau die Vorderbremse einige Male
betätigen!

RADAUSBAU F 800 / 650 GS
Hinten

Benötigtes Werkzeug:
24er Gabel/Ringschlüssel für (A)
13er Gabelschlüssel für (B)
10er Gabelschlüssel für (C)

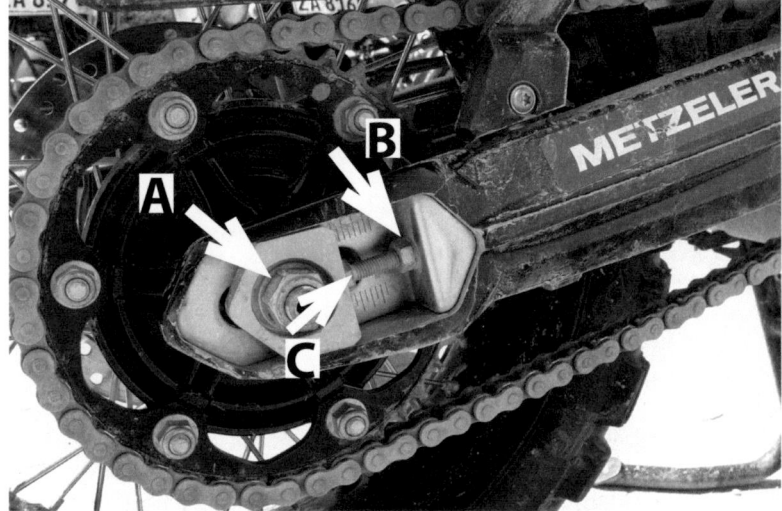

Motorrad auf den Hauptständer stellen und sichern. Das Hinterrad sollte keinen Bodenkontakt haben. Dann die Mutter (A) lösen und inkl. der Unterlagscheibe entfernen. Die Achse durch vorsichtiges Drücken (oder leichte Schläge mit einem Gummihammer o. ä.) nach links treiben und herausziehen. Hinterrad leicht nach vorne drücken und Ketten vom Kettenblatt heben.
Hinterrad herausnehmen.

ACHTUNG! Buchse auf der rechten Seite nicht verlieren/vergessen.

Beim Einbau in umgekehrter Reihenfolge vorgehen.

KETTENSPANNEN F 800 / 650 GS

Motorrad auf den Hauptständer stellen und sichern.
Das Hinterrad sollte keinen Bodenkontakt haben.
Dann die Schrauben (A) lösen, aber nicht entfernen.
Schraube (B) auf beiden Seiten lösen und
Kettenspannung mit Schraube (C) einstellen.

ACHTUNG
Unbedingt auf gleiche Stellung auf beiden Seiten
achten (Skala)!

Dann Schraube (B) festziehen und nochmals
Position auf beiden Seiten prüfen.

Schraubdreher wie abgebildet in das Kettenblatt
eindrehen und Achse festziehen. Durch das
Eindrehen des Schraubendrehers wird die
Hinterachse fest an die Anschlagspunkte gedrückt.

Kettenspannung regelmäßig prüfen!

SCHLAUCHREIFEN FLICKEN

Gemessen am Schlauchlosreifen ist der Reparatur-
aufwand beim Schlauchreifen etwas größer. Nur
absolute Profis flicken einen Schlauch ohne hierfür
das Rad auszubauen.

Das Flicken eines Schlauchreifens ist zu 100 % gleich
wie das Flicken eines Fahrradreifens.

Je länger die Tour, um so größer sollte das Flickset
sein. Nicht immer ist es mit einem Flicken getan.
Manchmal ist wirklich der Wurm bzw. ein Stein oder
ein Akazienstachel drin, der den Schlauch immer
wieder durchstößt.

Dicke „heavy duty" Motocross Schläuche sind mehr
als doppelt so haltbar wie normale Schläuche. Auf
großen Touren sollte eigentlich immer Platz für
einen Ersatzschlauch sein. Das spart unterwegs Zeit
- Der kaputte Schlauch kann auch abends vor dem
Zelt noch geflickt werden.

CO_2 Patronen zum Wiederauffüllen der Reifen sind
natürlich die einfachste Lösung nach der Reparatur
- Für längere Reise unbedingt eine kleine (aber
leistungsstarke) Handluftpumpe oder einen kleinen
Kompressor mitnehmen!

Für kleinere Schäden gibt es auch noch die Variante
der Reifenmilch. Hier wird der defekte Schlauch mit
einer Gummimilch gefüllt, die den Schlauch innen
auskleidet und somit wieder luftdicht macht. Eine
schnelle und saubere Lösung.

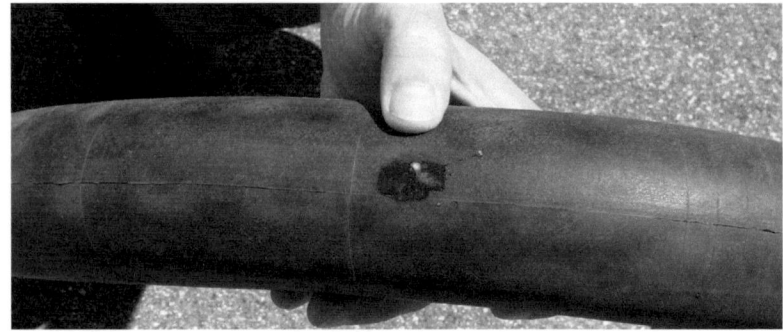

Undichte Stelle suchen. Hierzu den Schlauch leicht
aufblasen und unter Wasser halten oder, wenn die
Stelle ungefähr bekannt ist, mit Spucke einreiben.
Luftblasen verraten das Leck.

Ventil herausschrauben (mit Ventilausdreher).

Region um die undichte Stelle großflächig mit
Schmirgelpapier aufrauen.

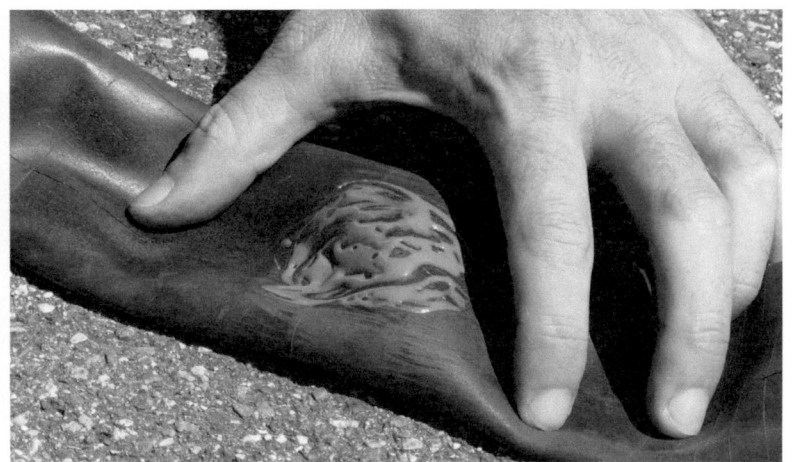

Den aufgerauten Bereich dünn und großzügig mit
der Vulkanisierpaste bestreichen. Die Paste ca. 2-3
Minuten antrocknen lassen - wenn es nicht mehr
klebt ist es gut!

Die Alufolie von der Rückseite des Flickens
entfernen und den Flicken auf das Loch drücken.
Mit Druck anpressen. (Hierzu kann auch der Griff
eines Schraubendrehers oder Ähnliches verwendet
werden.

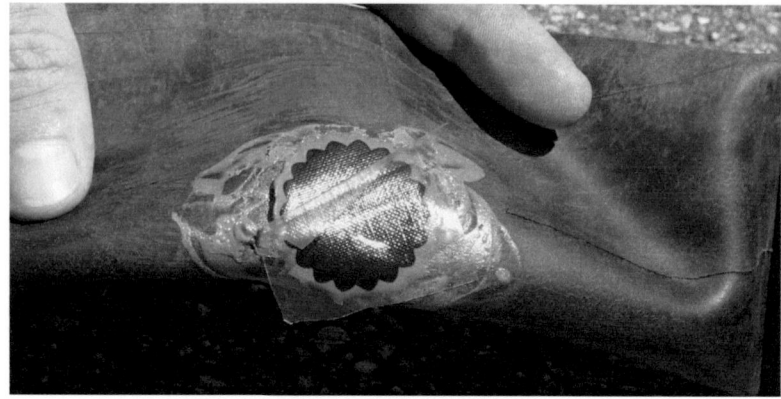

Nach dem Andrücken ca. zehn Minuten
vulkanisieren lassen. Danach die Schutzfolie des
Flickens abziehen.

Ventil einschrauben.

Reifen leicht aufblasen und auf Dichtigkeit prüfen
(Luftblasenprobe im Wasser, oder Flicken mit
Speichel einstreichen)

Vor der Montage des Reifens die Innenseite des
Reifens auf Fremdkörper und Verunreinigungen
untersuchen.

VERWENDUNG VON REIFENMILCH

Der Inhalt des Kits reicht für eine Panne.

1. Motorrad sicher abstellen
2. Ventil am betroffenen Reifen ausdrehen
3. Kanüle auf den Reifenmilchbehälter aufschrauben
4. Kanüle auf den Ventilstutzen aufsetzen und die Reifenmilch in den Reifen/Schlauch drücken.
5. Kanüle abziehen und den Ventiladapter für die Luftpatronen aufschrauben
6. Patrone mit Kälteschutzgitter überziehen und schnell in den Adapter schrauben.

Nach der Weiterfahrt ab und zu den Luftdruck prüfen.

Dieses System funktioniert bei kleineren Löchern in Schlauch- und Schlauchlosreifen.

Abseits der deutschen Rechtssprechung (StVO) kann ein so geflickter Reifen deutlich schneller gefahren werden als angegeben und kann sehr lange dicht halten.

VENTILDECKEL ABDICHTEN R 1200 GS

Die exponiertesten Bauteile der 1200 GS sind die beiden Ventildeckel. Dementsprechend haben die beiden Deckel auch den häufigsten Bodenkontakt. Gut geschützt durch zusätzliche Kunststoff- oder Metallprotektoren und/oder durch einen Sturzbügel, stecken die Deckel sehr viel weg, aber irgendwann ist auch hier die Belastungsgrenze erreicht: Der Deckel wird beschädigt und undicht.

Dies kann unterschiedliche Ursachen haben. Zumeist ist das Magnesium des Deckels durch einen Stein oder durch Schleifen auf Asphalt durchbrochen worden, oder der Deckel ist durch die Wucht des Aufpralls gerissen.

Vor allem die Zylinderdeckel der DOHC Motoren (ab Baujahr 2010) neigen bei Stürzen dazu, sich auf dem Zylinder zu verschieben. Hier reicht es, die beiden Schrauben zu lösen, den Deckel wieder in die richtige Position zu setzen und die Schrauben wieder anzuziehen.

ACHTUNG

Bei allen Arbeiten muss das Motorrad vorsichtig auf die Seite gelegt werden (möglichst Decke/Jacke unter den Zylinder legen). So kann das Öl aus der zu öffnenden Seite abfliessen und es kann sauber und ohne großen Ölverlust gearbeitet werden.

NIEMALS

ein Loch in einem Ventildeckel flicken OHNE ihn abgenommen zu haben. Es muss sichergestellt werden, dass sich keine Bruchstücke oder Verunreinigungen im Motor befinden!

Benötigtes Werkzeug:
Torx 40 für (A)
Möglichst BMW Spezialwerkzeug
Zündspulenabzieher für (B)

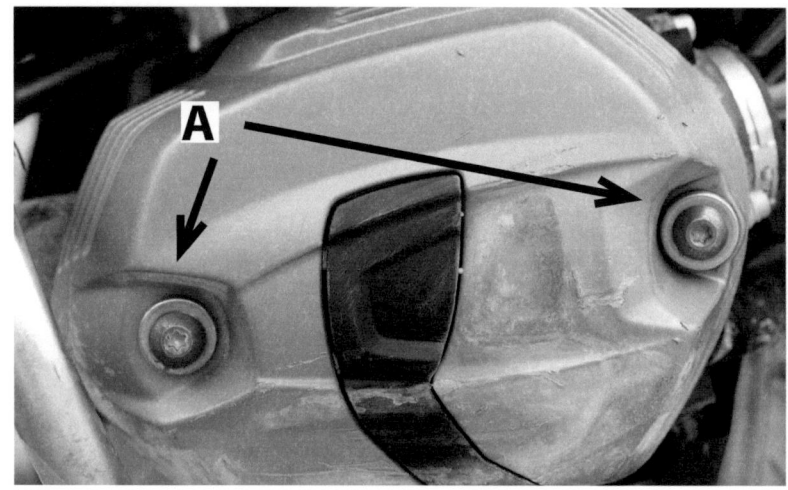

Zur Repositionierung Schrauben (A) vorsichtig
lösen, Deckel positionieren und Schrauben wieder
anziehen.

Zum Abnehmen des Ventildeckels, Zündspulen-
abdeckung unten greifen und nach vorne ziehen.

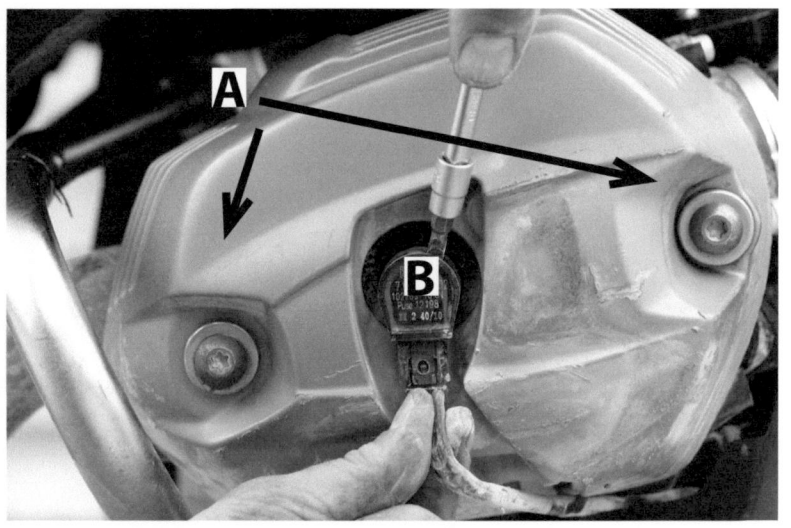

Kabel abziehen! Zündspule (B) vorsichtig herausziehen. Schrauben (A) lösen und Deckel vorsichtig abnehmen.

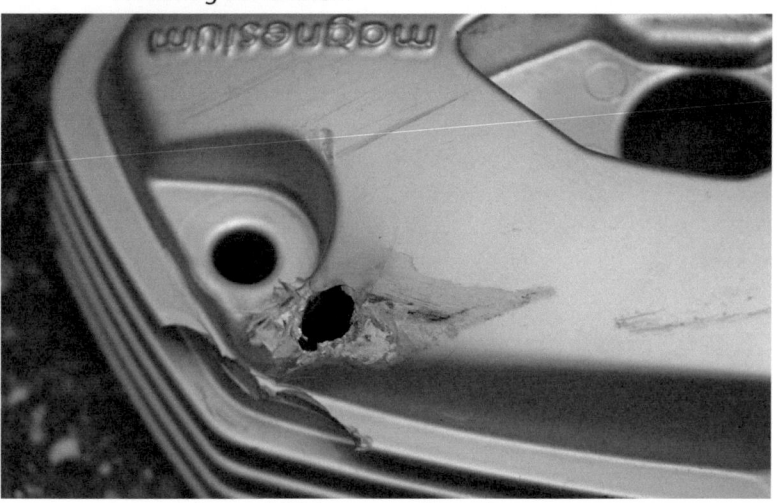

Innenseite und Dichtung auf Verschmutzungen und Bruchstücke untersuchen und gegebenenfalls reinigen.

Kaltmetall abschneiden und

(möglichst mit Handschuhen) kneten bis nur noch
eine Farbe erkennbar ist.

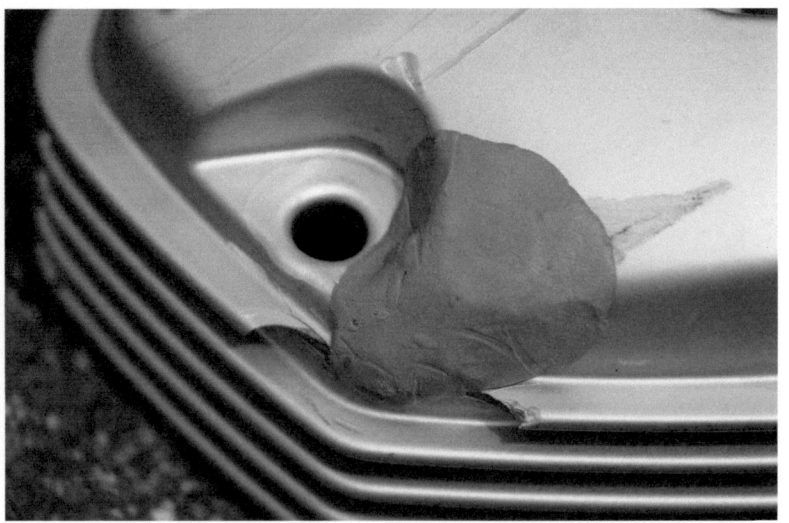

Ventildeckel mit Bremsenreiniger fettfrei machen
und Kaltmetall großzügig auf die kaputte Stelle
aufbringen und passend modellieren. Auf
eventuelle Schraubenpositionen usw. achten.
Auch innen glatt streichen und Reste des Kaltmetalls
entfernen. Kaltmetall aushärten lassen. Deckel
wieder montieren, Dichtheit prüfen.

Ölstand kontrollieren! ⚠️

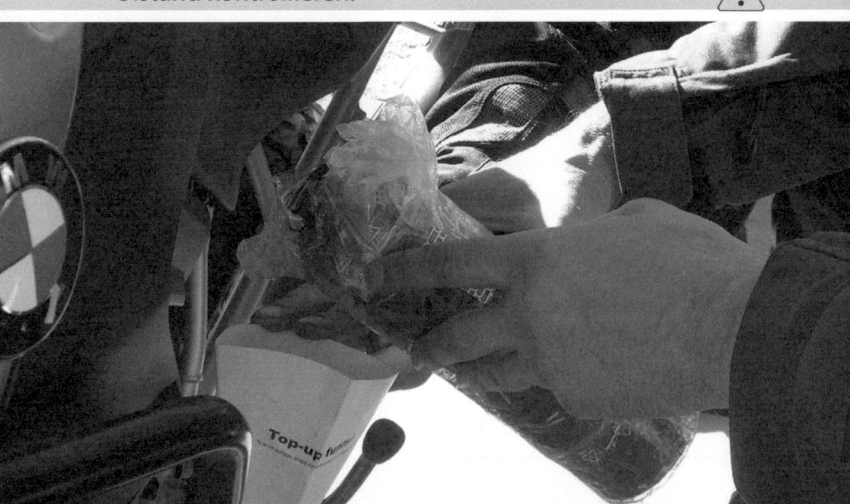

VENTILDECKEL TIPPS & TRICKS

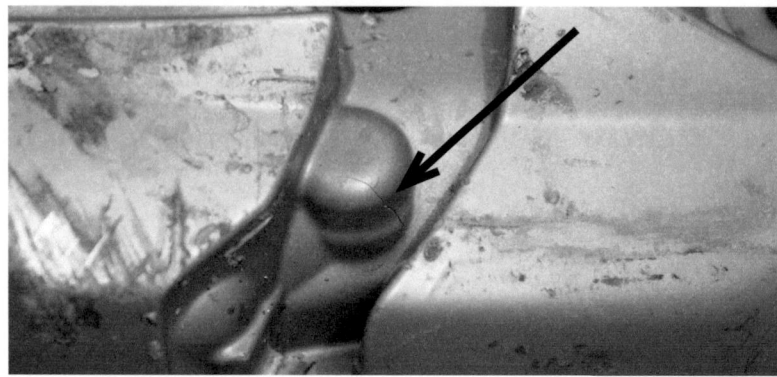

Abbildung zeigt Riss im Deckel. Auch dieser kann mit Kaltmetall (oder auch Sekundenkleber) verschlossen werden.

Einen undichten Ventildeckel kann man auch mit etwas Weißbrot wieder abdichten.

Weißbrot zu einem Brei zerkauen, (NICHT runterschlucken) die Beschädigung gut mit dem Brei bedecken, evtl. mit Panzertape fixieren. Der Brotbrei härtet durch die Motorwärme aus und ist dann dicht.

TIPPS & TRICKS AUS DER FERNREISEKISTE

Sibirien. Bild: J. Stather

Der perfekte Montageständer. Bild: T. Wolf

MOTORRAD SICHER ABSTELLEN
(Zur Reifenmontage)

Das Motorrad kann zur sicheren Demontage/
Montage eines Reifen von einer 2. Person gesichert
werden.

Motorräder mit Hauptständer

VORDERRAD
Für Arbeiten am Vorderrad das Heck der Maschine
belasten oder mit dem Heck nach unten an einen
leicht abschüssigen Weg stellen (2. Gang einlegen!!).
Nach dem Ausbau des Vorderrades, Achse wieder in
die Gabel stecken und den Hauptständer mit einem
Spanngurt an der Achse gegen Einklappen sichern.
HINTERRAD
Für Arbeiten am Hinterrad das Heck der Maschine
entlasten. Den Hauptständer mit einem Spanngurt
am Vorderrad gegen Einklappen sichern.

Motorräder ohne Hauptständer

Für Arbeiten am Vorder- oder Hinterrad, das
Motorrad mit dem Motorschutz auf einen großen
Stein oder einen Alukoffer wuchten.

VORDERRAD
Für Arbeiten am Vorderrad die Achsholme mit
geeigneten Gegenständen erhöht fixieren. Hohen
Gang einlegen!
HINTERRAD
Für Arbeiten am Hinterrad das Heck an der, dem
Seitenständer gegenüber liegenden Seite, mit
einem stabilen Stock o. Ä. anheben und fixieren.

Motorräder ohne Hauptständer immer von zweiter
Person sichern lassen!

GEBROCHENER RAHMEN / KOFFERTRÄGER

Einen gebrochenen Rahmen oder Gepäckträger kann man mit Montiereisen und Spanngurten fixieren. Langsam fahren, möglichst schnell irgendwo, irgendwie schweissen lassen - Gewicht reduzieren und auf gleichmäßige Gewichtsverteilung achten!

LECK IN DER ÖLWANNE

Ein Leck in der Ölwanne kann, analog zum Ventildeckel, mit Kaltmetal abgedichtet werden.

SEITENSTÄNDERSCHALTER

Der Schalter schützt uns vor dem Losfahren mit ausgeklapptem Seitenständer. Wird er durch den Kontakt mit Steinen o. Ä. beschädigt, unterbricht er die Zündung. Er kann durch das Verbinden des weißen und roten Kabels kurzgeschlossen werden.

ACHTUNG! Nach dem Überbrücken der Kabel kann mit ausgeklapptem Seitenständer losgefahren werden - **LEBENSGEFAHR!**

WASSER IM MOTOR

Motor aus!
Airbox öffnen, Luftfilter ausbauen und trocknen, Airbox trocken legen. Zündkerzen (alle!) ausbauen. (Stecker von Zündspulen/Kerzen und Einspritzdüsen abziehen. Anlasser drücken. Durch den Kolbenhub wird das Wasser aus den Brennkammern gedrückt. Wenn alles leer und trocken ist, wieder zusammenbauen.

ACHTUNG! Kommt Wasser in den laufenden Motor führt dies zu massiven Beschädigungen! Wasser kann, im Gegensatz zum Benzin/Luftgemisch, nicht komprimiert werden und beschädigt so den Motor.

LUFTFILTER

Ab Werk sind zumeist Papierluftfilter verbaut. Diese können im Gegensatz zum Dauerluftfilter (z.B. K&N) nicht gereinigt und dauerhaft wiederverwendet werden, bieten aber für Fernreisende einige Vorteile. Der Dauerluftfilter besteht aus einem Schwammgewebe, das mit einem klebrigen Öl beschichtet wird. So erhöht sich der Luftdurchsatz. Bedingt durch die klebrige Oberfläche setzt sich der Dauerluftfilter bei staubigen Bedingungen schnell zu. Tägliches, aufwändiges Reinigen und eine eventuelle Verschmutzung des Motors sind die Folgen. Ein Papierluftfilter kann nach einem staubigen Tag einfach ausgeklopft werden. Auch bei feuchten Bedingungen ist der Papierluftfilter etwas leistungsfähiger als der Dauerluftfilter. Mein Tipp: Dauerluftfilter für den Sporteinsatz, für die Fernreise den Papierluftfilter!

GAS/KUPPLUNGSZUG

Im Regelfall werden die Drosselklappen mit einem Seilzug (Gaszug) betätigt. Bei der F800GS wird auch die Kupplung mit einem Seilzug (Kupplungszug) betätigt. Diese Züge sind sehr lange haltbar, aber Verschmutzung, Feuchtigkeit und viele Betätigungen führen auch hier zu Verschleiß. Im dümmsten Fall reißt einer der Züge. Vor einer Reise ist es daher zu empfehlen, sich die Züge doppelt zu verlegen. D.h. Parallel zum vorhandenen Zug wird ein zweiter Zug verlegt. Dieser wird mit Kabelbindern am vorhandenen Zug fixiert, die Enden werden mit selbstverschweissenden Tape verschlossen. Reisst nun einer der Züge, so kann einfach der kaputte Zug aus- und der neue Zug einhängt werden

BATTERIE LEER

Die meisten von uns haben es schon erlebt: Man drückt auf den Anlasser und nichts passiert (oder es klackert nur noch leise). Die Batterie ist leer!

Dies kann viele Ursachen haben wie z.B. zu viele Startversuche bei eingeschalteten Zusatzverbrauchern wie Navi, Zusatzscheinwerfer, Griffheizung usw. Aber auch eine Navihalterung, die auch im Ruhezustand Strom zieht.

Unterwegs gibt es zwei Möglichkeiten die Maschine wieder zum Laufen zu bringen:

Anschieben
- Zündung aus- und wieder einschalten
- Hohen Gang (3. -4.) einlegen, aufsitzen
- mit gezogener Kupplung eine abschüssige Straße herunterrollen oder sich mit Schwung schieben lassen
- bei möglichst hoher Geschwindigkeit die Kupplung loslassen und gleichzeitig mit dem vollen Körpergewicht „in das Motorrad springen" D.h. Gewicht auf die Hinterachse bringen = Mehr Traktion
- Wenn der Motor anspringt, Kupplung wieder ziehen und laufen lassen!

Überbrücken
- Möglichst mit einem Überbrückungskabel direkt an die Batteriepole gehen.
- Zuerst den PLUS- dann den MINUS-Pol verbinden,
- Zündung einschalten und Motorrad starten. Einige Zeit laufen lassen
- Bei laufendem Motor zuerst den MINUS dann den PLUS trennen. Motorrad laufen lassen.

SINNVOLLE ERSATZTEILE

Ein halbes Motorrad mit zu schleppen ist nicht sinnvoll. Wichtig sind Ersatzteile die erstmal die Weiterfahrt (zur nächsten Ortschaft) ermöglichen. Bewährt haben sich:
- Brems-/Kupplungshebel
- Gaszug
- Kupplungszug (F800/650GS, G650GS)
- Leuchtmittel (Passende Größen)
- 1/2 Liter Öl

Alles andere ist schnell und weltweit per Paketdienst versendet - Wenn es benötigt wird!

SINNVOLLE MOTORRADAUSRÜSTUNG

Bestimmte Anbauteile (Zubehör) können die häufigsten Beschädigungen reduzieren:
- Stabiler Motorschutz
- Ventildeckel Protektoren (Boxer Motor)
- Sturzbügel (Boxer Motoren)
- Stabile Handprotektoren
- Kühlerschutzbügel

GESTÜRZT - WAS NUN?

Egal ob das Motorrad aus dem Stand umfällt oder
während der Fahrt der Kampf gegen die Schwerkraft
verloren wird - ein ausführlicher Blick auf das
Motorrad hinterher ist wichtig!

MOTOR AUS!
Bei einem liegenden Motorrad kann der Ölkreislauf
unvollständig sein, dies führt schon nach sehr kurzer
Zeit zu Motorschäden!

Eigenkontrolle
Ist man selbst verletzt? Tut es irgendwo weh?

Sortieren
Erstmal Luft holen. Wenn der Motor aus ist und
nirgends Sprit ausläuft und man nicht mitten auf
einer vielbefahrenen Straße liegt, kann das Motorrad
gut noch liegen bleiben.
Keine hektischen Aktionen starten - Hektisches
Motorrad aufheben führt meist zu ausgedehnten
Rückenschmerzen...

Motorrad aufstellen
Das Motorrad ganz in Ruhe wieder auf die Räder
stellen. Ist es voll beladen, hilft es oft, erstmal das
Gepäck abzupacken.

Motorradkontrolle
Tropft es irgendwo?
Durch einen Sturz können Ventildeckel (Boxer
Motor), aber auch Wasserkühler (F+G Baureihe) oder
auch der Motor beschädigt worden sein.
Sind Beschädigungen sichtbar?
Durch den Bodenkontakt können Bau- und/
oder Verkleidungsteile beschädigt worden sein.
Sicherstellen, dass nichts „rumhängt" oder lose ist.

Hebeleien & Lenker OK?
Sind der Brems- und Kupplungshebel noch da und funktionsfähig?
Ist der Lenker gerade? Funktionieren die Amaturen?
Fußhebel OK?
Sind der Brems- und Schalt hebel verbogen oder gebrochen? Hatten sie Kontakt mit dem Motorgehäuse?
Reifen / Felgen OK?
Sind Beschädigungen sichtbar? Laufen die Räder rund?
Gepäcksystem OK?
Ist das Gepäcksystem verbogen/verzogen? Sind die Koffer noch sicher am Träger befestigt, ist der Träger nach intakt?
Rahmen OK?
Ist der Rahmen krumm oder gebrochen?

Ein kurzer Check, auch nach einem Umfaller, schützt vor größeren Schäden und bösen Überraschungen nach der Weiterfahrt.

MOTORRAD ELEKTRONIK

Leider wird in verschiedenen Internet Foren immer noch verbreitet, dass man mit den mit Elektronik voll gestopften modernen Motorrädern keine Fernreisen mehr unternehmen kann. Schuld daran soll angeblich der ominöse CAN Bus sein. Wenn dieser ausfällt, ist an eine Weiterfahrt nicht mehr zu denken.

Das Motorrad fährt auch ohne CAN Bus. Ohne Einschränkung in Fahrbarkeit und Leistung.

Der CAN Bus ist nur eine Datenleitung zwischen den verschiedenen Steuergeräten.

Diese sind z.B. an der BMW R 1200 GS:
- Motorsteuergerät
(ist verantwortlich für Einspritzung und Zündung)
- Steuergerät für Zentrale Fahrzeugelektrik
(steuert sämtliche Fahrzeugelektrik außer Motorelektrik)
- Instrumentenkombination
(steuert Tachometer, Drehzahlmesser und sämtliche Anzeigen)
- ABS
(Steuergerät für das Anti Blockier System)
- Diebstahlwarnanlage mit Reifendruckkontrolle.

Sämtliche Schalter, Sensoren und Aktuatoren sind mit Kabeln direkt mit dem Steuergerät verbunden. Diese Signale laufen nicht über den CAN Bus.

Ein Beispiel anhand der Blinkerfunktion:

Vom Blinkertaster geht das Signal über ein Kabel in das Steuergerät der zentralen Fahrzeugelektrik. Diese fungiert hier als Blinkerrelais und gibt das Blinksignal über ein Kabel an die Blinker weiter. Gleichzeitig geht über die CAN Bus Leitung die Blinkinformation an das Instrumentenkombi. Dieses steuert die Blinkerkontrollleuchten an. Fällt nun der CAN Bus aus, gibt es lediglich keine Blinkerkontrollleuchte im Instrumentenkombi. Die eigentliche Blinkfunktion bleibt voll erhalten.

Der große Vorteil des CAN Busses ist ein schlanker und leichter Kabelbaum. So sind bei einem Motorrad mit herkömmlichen Bordnetz am Stecker für das Instrumentenkombi teilweise 20 und mehr Kabel vorhanden. Jede Anzeige, jede Kontrollleuchte braucht ein eigenes Kabel. Bei einem Motorrad mit CAN Bus sind es immer nur sechs Kabel (im Falle BMW). Egal, welche Ausstattung das Motorrad besitzt. Dies trägt zu einem leichteren und ausfallsichereren Motorrad bei.

Das Motorsteuergerät besitzt zu vielen der angeschlossenen Bauteilen eine Notlauffunktion. Fällt eines dieser Bauteile aus, wird das Notlaufprogramm gestartet. Dieses ist oft vom Fahrer nicht spürbar (kommt auf das Bauteil an). Ansonsten sind Einbußen in Leistung, Abgasverhalten und Kraftstoffverbrauch zu spüren. Aber eine Weiterfahrt ist möglich.

Durch Einträge in den Fehlerspeicher des Steuergerätes kann dann das Werkstattpersonal gezielt und schnell nach der Fehlerursache suchen und diese beheben. Das spart Zeit und Kosten und lässt den Fahrer schnell wieder das tun, was er eigentlich möchte:

Seinen Urlaub auf dem Motorrad verbringen.

Text: Martin Bumba

TOMM WOLF'S
MALELOBO
MOTORCYCLE
TRAINING AND TRAVEL

WWW.MALELOBO.COM

DER REISEWORKSHOP IM BMW ENDURO PARK HECHLINGEN

Echtes Reise KnowHow aus erster Hand!

Zusammengenommen hat unser Instruktoren- und Referententeam die ganze Welt gesehen.
Erlebtes und erfahrenes Know How, das wir direkt an euch weitergeben.

Für (fast) jeden Fleck auf unserer Erde haben wir einen Spezialisten im Team - Ganz egal ob wir vom Schwarzwald, den Alpen, Wladiwostok oder Ushuaia reden. Wir waren schon dort.

Und für alles was zum Reisen dazu gehört seid ihr bei uns in besten Händen. Ob es der Touratech Produktmanager für die Navigationsfragen, der BMW Serviceleiter für die Technik, der Weltreisende für die Ausrüstung oder die weltreiseerfahrenen, zertifizierten BMW Instruktoren für das Fahren sind - wir haben für jedes Thema den passenden Profi im Team!

REISEFERTIG IN DREI TAGEN

VORBEREITUNG.

VORFREUDE.

Es gibt fast nichts Schöneres, als mit dem Motorrad auf Tour zu gehen und fremde Länder zu entdecken. Raus aus dem Alltag, alles hinter sich lassen, den Kopf wieder frei bekommen, eine gute Zeit verbringen.

Träumst du nicht auch davon auf große Fahrt zu gehen? Was hindert dich deine Sachen zu packen und einfach los zu fahren?

Es muss ja nicht immer gleich die Weltreise über mehrere Monate sein. Schon die Wochenendtour gibt dir das Gefühl von Freiheit und Abenteuer.

In unserem neuartigen Reiseworkshop, im Enduro Park Hechlingen vermitteln dir unsere Profis in Zusammenarbeit mit Touratech alle Kenntnisse, die für das Reisen mit dem Motorrad wichtig sind.

ENDURO PARK HECHLINGEN
Powered by BMW Motorrad

OFF THE ROAD AGAIN.

www.enduropark-hechlingen.de

www.enduropark-hechlingen.de

Über den Autor

Jochen „JoeDakar" Stather,
1971
Das Motorradreisen
entdeckte der gelernte
Koch und Hotelkaufmann
2003, als er sich mit einer
BMW F650 Dakar und drei Bekannten auf sein
erstes Abenteuer wagt: Düsseldorf - Vladivostok.
Danach ging es in den sibirischen Altai, im Winter
auf dem Landweg nach Syrien, in neun Tagen an das
Nordkapp und nach Gibraltar. 2006 folgten er und
seine Frau Corinna der Wolga von der Quelle bis an
das Kaspische Meer. Auch das winterliche Norwegen
gehört zu seinen Motorradreisezielen. Irgend eine
Tour plant er immer...

Als Marketing- und PR Berater für Unternehmen aus
der Motorradbranche, aber auch als Autor, Fotograf
und zertifizierter BMW Motorrad Instruktor gibt er
sich beruflich seiner Leidenschaft hin.

www.joedakar.com

Weitere Bücher des Autors:

EURASIEN TOUR
Auf ein Bierchen zum Ende der Welt
Das Tagebuch einer abenteuerlichen
Motorradreise von Düsseldorf nach
Vladivostok - offen, ehrlich und
ungeschminkt! Pflichtlektüre für alle,
die es in die Ferne zieht.

DIE KLEINE
AUSRÜSTUNGSFIBEL
Ratgeber für Motorradreisen
Ein kleiner, persönlicher Ratgeber
zum Thema Ausrüstung, der
Einsteigern in die Materie die
Auswahl etwas erleichtern soll.

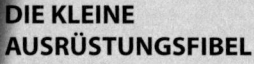

BEZUGSQUELLEN

Spezifische Werkzeugsets
www.bmw-motorrad.de
www.touratech.de
www.cruztools.com

Werkzeuge
www.gedore.de
www.wera.de
www.stahlwille.de
www.hazet.de
www.proxxon.de

Heavy duty Motorradschläuche
www.conti.de
www.pirelli.de

Reifenflicksets (Schlauch/Schlauchlosreifen)
www.touratech.de
www.terra-s.com

HINWEIS & HAFTUNGSAUSSCHLUSS

Die beschriebenen Tätigkeiten und Vorgehensweisen wurden sorgfältig und nach bestem Wissen und Gewissen zusammengestellt. Für eventuelle Fehler und daraus resultierenden Schäden haften weder der Autor noch die Beteiligten.

Wer sich das Schrauben am Motorrad nicht zutraut, sollte unbedingt die Finger davon lassen!

Viele der beschriebenen Arbeiten können bei falscher Durchführung zu schweren Unfällen führen!

Einige der genannten Tipps & Tricks können zum Verlust der ABE führen. Sie sind ausschließlich für Fernreisen bestimmt.

Motorradreisen setzt ein gewisses Maß an gesundem Menschenverstand, Weltoffenheit Eigenverantwortung voraus.

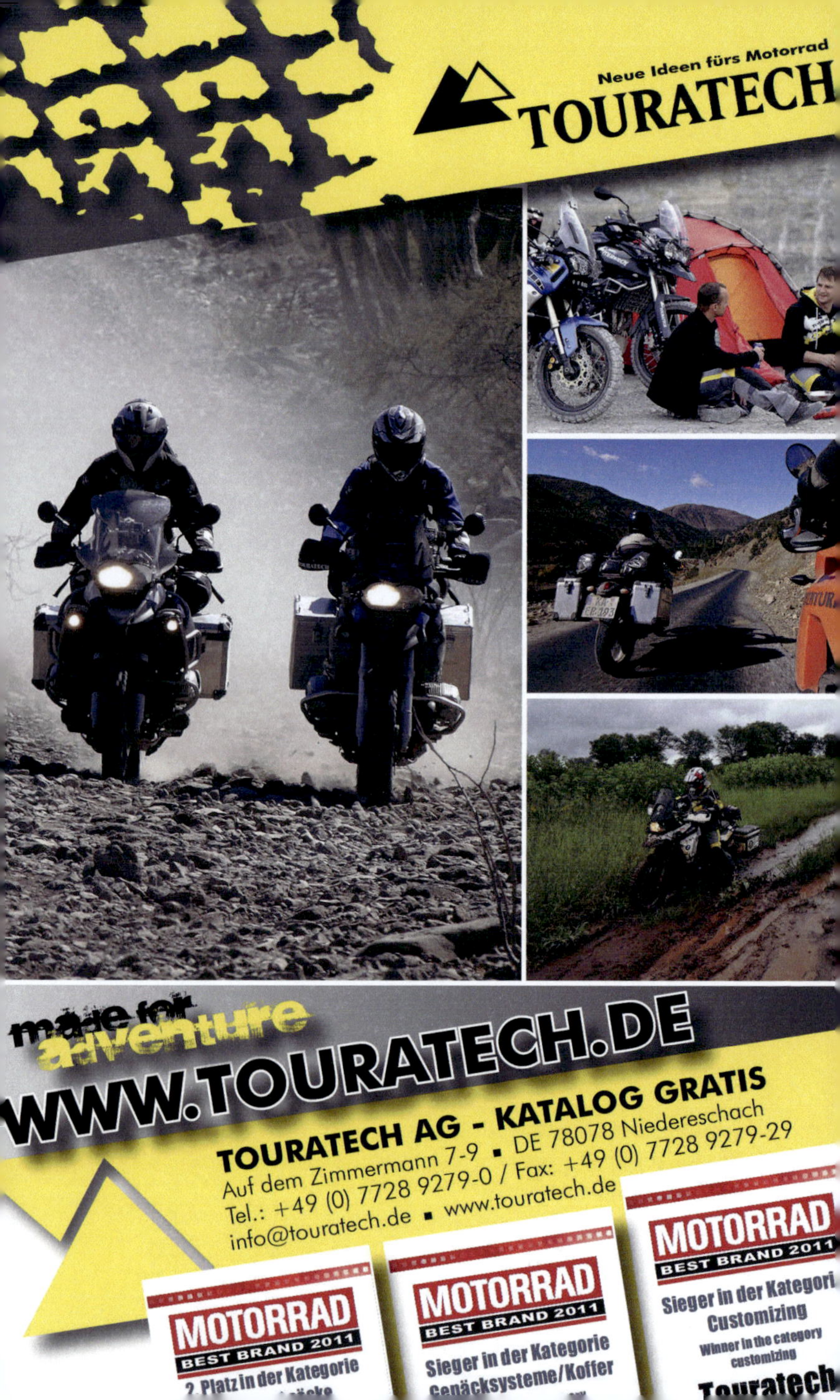
Neue Ideen fürs Motorrad
TOURATECH
made for adventure
WWW.TOURATECH.DE
TOURATECH AG - KATALOG GRATIS
Auf dem Zimmermann 7-9 ▪ DE 78078 Niederschach
Tel.: +49 (0) 7728 9279-0 / Fax: +49 (0) 7728 9279-29
info@touratech.de ▪ www.touratech.de
MOTORRAD
BEST BRAND 2011
2. Platz in der Kategorie
MOTORRAD
BEST BRAND 2011
Sieger in der Kategorie
Gepäcksysteme/Koffer
MOTORRAD
BEST BRAND 2011
Sieger in der Kategori
Customizing
Winner in the category
customizing
Touratech

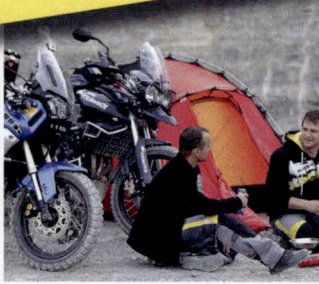

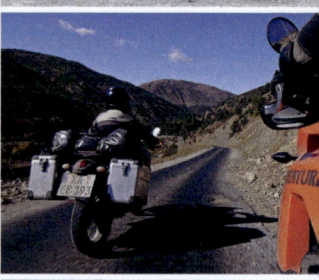

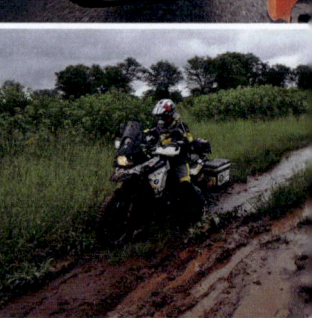

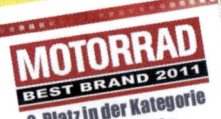

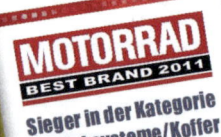

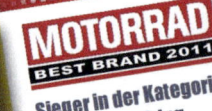